LA MORT GLORIEVSE

DE

SOIXANTE ET VN CHRESTIENS

DE MACAO,

DECAPITEZ POVR LA CONFESSION

DE NOSTRE SAINTE FOY,
A NANGAZAQVI, AV ROYAVME
du Iapon le 4. d'Aoust l'an M. DC. XL.

EXTRAICTE DE LA RELATION FAICTE
en langue Portugaise, par le R. P. Antoine François
Cardin de la Compagnie de IESVS, Procureur
General de la Prouince du Iapon.

Imprimée à Lisbone l'an M. DC. XLIII.

Auec la Copie d'vne lettre de Hollande touchant la
Glorieuse CONFESSION DE QVATRE
PERES DE LA MESME COMPAGNIE,
& de trois autres Chrestiens mis à mort au mesme
Royaume du Iapon, sur la fin de l'an 1642.

*Le tout mis en François par vn Pere de
ladicte Compagnie.*

A ROVEN,
Chez IEAN DE MANNEVILLE, prés le
College des P P. Iesuites.

LA MORT GLORIEVSE DE

soixante & vn Chrestiens de Macao, decapitez pour la confession de nostre saincte
Foy à Nangazaqui au Royaume du Iapon
le 4. d'Aoust l'an M. DC. XL.

E Tyran Toxogun, (où pour
mieux dire Tono Xogun) Empereur du Iapon, n'estant encor as-
souuy de tant de cruautez exercées inhumainement contre les
Chrestiens ses vassaux, & les Predicateurs de l'Euangile ; dont il
auoit fait vne si grande boucherie
l'espace de tant d'années, qu'à duré dans ces Royaumes
la persecution contre nostre saincte Foy, il voulut en fin
vne bonne fois la destruire tout à fait, & sans ressour-
ce. A quoy faire il ne iugea rien de plus à propos, que
de rompre, & interdire pour tousiours le commerce
que de tout temps les Iaponois auoient auec les Portugais de Macao. Ce qu'il mit en execution l'an M. DC.
XXXIX. par vn edit, dont voicy la teneur.

1. Encor bien qu'il soit assez connu, que le Roy a
deffendu sous griefues peines par tout le Iapon la Loy
Chrestienne, neantmoins on n'a pas laissé iusques à
present d'y faire glisser en cachettes des Predicateurs de
ceste Loy.

2. Le Roy chastie de peine de mort les Chre

qui s'vniſſans dans vne pernicieuſe ligüe, forgent des meſchancetez, & trament des choſes deſraiſonnables.
5. Et touteſfois ils ne laiſſent pas d'enuoyer de leurs païs des viures, & tout ce qui eſt neceſſaire pour l'entretien des Peres, & des Chreſtiens, qui ſont cachez au Iapon.

Et d'autant que ces trois articles ſont veritables, le Roy deffend tous ſemblables voyages, & commerce, & ordonne que non ſeulement les nauires qui d'icy en auant ſurgiront au Iapon contre ce ſien commandement, & prohibition, ſoient bruſlez : mais encor que toutes les perſonnes qui s'y trouueront, ſoient miſes à mort. Tout ce que deſſus eſt ordõné, & dicté expreſſement par le Roy, Ce quatrieſme iour d'Aouſt de l'an M. DC. XXXIX. Et eſtoit ſigné des Cangano Cami, Sanuquino Cami, Vouoino Cami, Cambuno Cami, Runo, Cami, Bungano Cami, Teuxumano Cami.

Il appert euidemment par les articles de ceſt edit, que le principal motif de ceſte prohibition fut la haine que le Tyran a touſiours portée à noſtre ſaincte Religion, redoublée par de faux ſoupçons, confirmez touteſfois par les Heretiques Hollandois, qui le mirent dans la creance que le ſouleuement des Chreſtiens dans l'eſtat d'Arima, contre leur Tono, ou Seigneur, arriué l'an M. DC. XXXVIII. auroit eſté tramé par les Portugais de Macao : combien que veritablement ceſte eſmotion euſt eſté cauſée par la tyrannie dudit Tono, qui les traictoit cruellement, à deſſein de leur arracher du cœur le culte, & la Religion du vray Dieu.

Deux Pataches auoient eſté renuoyées du Iapon à Macao, auec la copie de la ſuſdite Ordonnance, & edit Royal, dont la lecture troubla grandement toute la Cité. Les Gouuerneurs de la ville, & les Officiers du ſiege … erſes conſultes là deſſus & ſonnerent aux

moyens de restablir ce commerce, qui estoit comme
l'ame de ceste Republique, & d'où le Roy tiroit de
grands profits. Entre plusieurs aduis, qui furent mis sur
le tapis, on treuua bon de dresser vne Ambassade vers
l'Empereur du Iapon, pour tascher par bonnes raisons,
& preuues authentiques, luy oster la sinistre opinion,
qu'il auoit conceuë d'eux, & qu'ils estoient tout à fait
ignorans soit du souleuement d'Arima, soit de l'entrée
des Religieux dans le Iapon, & qu'ils n'auoient trempé
aucunement dans l'vne ou l'autre de ces deux choses;
partant qu'il pleust à Sa Majesté les maintenir & con-
firmer dans le commerce comme du passé. On delibera
puis apres s'il estoit expédient de differer ceste Ambassade, ou de la depescher au plustost: & quoy qu'il y eust
de fortes raisons pour la differer, on ordonna de l'executer promptement.

Pour chefs de ceste Ambassade, furent choisis quatre
citoyens des plus considerables de toute la ville, à sçauoir: Louys Paes Pacheco, Rodrigo, Sanches de Paredes, Gonçale Monteyro de Caruaillo, & Simon Vas de
Païua; personnages nobles de race, respectez pour leur
aage, honnorables pour leurs personnes, recognus pour
leur fidélité au seruice du Roy, & signalez tant pour les
charges qu'ils auoient exercées dans la Repub. & pour
les alliances auec les premieres familles de la ville;
comme aussi, & principalement pour la bonne reputa-
tion qu'ils auoient, non seulement à cause de leurs
meurs, & conduitte vrayement Chrestienne, mais aussi
pour la cognoissance, & pratique qu'ils auoient des
coustumes du Iapon, y ayant voyagé diuerses fois.
Louys Pacheco fut denommé Capitaine Major du
voyage, Rodrigo, & Gonçale pour Facteurs, Simon
Vas tant pour Facteur, que pour Ambassadeur. Ils a-
cepterent ceste eslection de bonne volonté, pour le zele

du bien commun de ceste Cité, encor bien qu'ils pre-
uoyoient assez les grosses difficultez qui se rencon-
troient en l'execution de ceste charge, tant pour le re-
gard de leurs personnes, que pour celuy de leurs familles, qu'ils abandonnoient à vn peril euident, comme
aussi eu esgard au succés d'vne affaire, & entreprise si
arduë, qui estoit iugée de quelques vns comme impossible: côme ainsi soit qu'il s'agissoit de traicter auec vne
Nation, dont les Princes & Gouuerneurs sont si roides
en l'obseruation de leurs Edits, & si inflexibles à les re-
uoquer. Ils ne pouuoient non plus ignorer qu'ils met-
toient leurs testes au hazard; qu'ils seroient accusez,
& condamnez, peut-estre, comme infracteurs des Or-
donnances Royaux, & que le Tyran feroit passer cela
pour crime de leze Majesté. Ils passerent par dessus
toutes ces considerations, & voüerent liberalement
& franchement à Dieu, leurs vies pour le bien de leur
patrie. Les Gouuerneurs, ou Magistrat de la ville,
acheuerent dans peu de iours tout l'equippage necessaire à ceste Ambassade, vaisseaux, munitions, soldats,
mariniers, & viures pour vn an: les Ambassadeurs firent
bien de meilleurs deuoirs pour les prouisions spirituel-
les: ils dresserent forces neufuaines aux Saincts, firent
dire quantité de Messes, à la pluspart desquelles ils
assisterent deuotement: sur toutes à vne specialle, qui
fut chantée en grande solemnité à nostre Dame du Rosaire dans le Conuent des Peres de S. Dominique. En
outre, ils se confesserent, & communierent deuant leur
partement, & procurerent que tous ceux de leur suite
& compagnie fissent le mesme. On y contoit soixante
dix personnes, sans les Ambassadeurs: Portugais officiers du vaisseau, soldats, mariniers, pages, & valets de
seruice de diuerses Nations, (dont la liste se treuuera
à la fin de ce Narré) tous Chrestiens. Car telle fut la

pieté des Ambassadeurs, qu'ils ne voulurent auoir en
leur compagnie ny More, ny Gentil, & personne de
toute la troupe ne s'embarqua, qui n'eust donné le bul-
letin de sa confession & communion.

Cela fait ils s'embarquerent au port de Macao en
vn nauire dont les voiles estoient de nattes, le vingt &
deuxiesme de Iuin, qui tomboit en vn Vendredy : & à
mesme iour ils mirent les voiles au vent, qui estoit fa-
uorable : tirans apres eux les esperances du remede tant
necessaire à toute la cité, & les cœurs de tous ceux qui
contemploient ceste genereuse trouppe se jetter gaye-
ment dans le peril pour le bien commun. Apres leur
partement les Superieurs de toutes les Religions furent priez d'instituer à tour de roolle des Neufuaines de prieres publiques dans leurs Eglises, pour le
bon succés de ceste Ambassade : ce qui se fit auec vn
tres-grand concours, les Peres de S. François commen-
cerent ceste solemnité, à l'honneur du Seraphique Do-
cteur S. Bonauenture, & l'acheuerent le iour de sa feste,
de là les Peres de Saint Dominique à Nostre Dame du
Rosaire : suiuirent les Peres de la Compagnie, qui prindrent pour patron S. François Xauier, estallât en public
le bras du mesme Sainct, qu'ils possedent : les Peres Au-
gustins choisirent S. Nicolas de Tolentin, au iour duquel ils acheuerent pareillement ceste feste : & finalement les Sœurs de Ste. Claire firêt de sêblables deuoirs,
& exposerent le Tressainct Sacrement le iour de leur
Saincte : comme firent aussi tous les autres Religieux
le dernier iour de leur neufuaine, auec prieres, proces-
sions solemnelles, messes, oraisons, ieusnes, & discipli-
nes communes, que les Superieurs de chaque maison
ordonnerent à leurs subjects à la mesme intention : pour
certains iours de la semaine, tant & si long-temps qu'ils
n'apprendroient aucunes nouuelles de leurs Ambassa-

deurs ; qui fut l'espace de trois mois. Le vaisseau iouïs
d'vn vent tres-fauorable pendant ce voyage iusques au
second iour de Iuillet, feste de la Visitation de Nostre
Dame : ce iour ils furent accueillis d'vne tempeste
apres auoir passé l'Isle Hermosa, & se treuuans dans la
mer du Iapon à la coste de Corea, quelques trente
lieuës pres de terre. Ils furent toute la nuict en tres-
grand danger, d'où ils eschapperent miraculeusement,
& le iour suiuant le temps s'estant calmé ils poursuiui-
rent leur route, & de là à quatre iours ils prindrent port
à Nangazaqui, vn Vendredy sixiesme de Iuillet, iour de
l'Octaue des Princes des Apostres S. Pierre & S. Paul,
quinze iours apres leur embarquement à Macao, &
costoyans l'Isle des Cheuaux, ils vindrent surgir à front
& vn peu plus haut que l'Isle des Martyrs, ausquels
soudain ils reciterent les Litanies de la B. Vierge, leur
demandât secours, & faueur par leur intercession à leur
premiere entrée. D'abord ils virent deux petits vaisseaux à rame enuoyez par la Xoya, c'est à dire l'Office,
ou Magistrat de Nangazaqui, auec des Truchemans,
qu'ils appellent Iurubaças, qui vindrent à eux s'en-
quester qui ils estoient, d'où ils venoient, & ce qu'ils
venoient faire en ce port. On leur respondit que c'estoit
vn vaisseau de Macao, qui portoit quatre Ambassadeurs
de ladicte Cité pour traitter auec le Roy du Iapon du
restablissement du commerce. Les Truchemans s'in-
formerent s'il n'y auoit pas de marchandises dans le nauire : on leur asseura que non, comme de vray il n'y en
auoit pas. Là dessus on leur mit en main vne lettre de
la Cité de Macao qui s'addressoit au Gouuerneur de
Nangazaqui, appellé Babasuburo Zayemon. Les Interpretes la porterent au Gouuerneur, & l'aduiserent de
tout. Celuy-cy quelque temps apres depescha deux
grands vaisseaux auec forces Bunguios, ou Officiers de

la Gouuernance, & quelques Truchemans, qui s'estant approchez du nauire de Macao, s'enquirent des Ambassadeurs combien de gens ils estoient, quelles armes ils portoient, & autres semblables demandes. De toutes lesquelles ayans esté satisfaits, ils firent auancer le vaisseau dans le port, & surgir de front dans l'embouchure, qui est vne ruë, où du passé les Portugais auoient leurs logis. Icy on prit la liste de tous les hommes, qu'ils laisserent dans le bateau, auec gardes neantmoins, & eux monterent sur le quay, & s'en allerent par terre vers le Gouuerneur, pour l'informer de tout. Le iour suiuant, qui fut vn Samedy les mesmes Bunguios, & Truchemans ou Iurubaças vindrent derechef au nauire & desmonterent l'artillerie, & la leuerent en terre, puis se retirerent disans aux Ambassadeurs, que le lendemain, iour de Dimanche, ils desembarqueroient. Comme ils firent tous, & furent liurez vn à vn à certains soldats de la Prouince de Vomura : horsmis huict mariniers, qu'ils laisserent pour la garde du vaisseau, auec ordre pourtant au Capitaine de leurs soldats, de veiller sur eux, & les visiter de temps en temps.

Le lendemain neufiesme de Iuillet, le Gouuerneur traicta auec les Ambassadeurs, feignant leur estre amy, leur offrit tout ce dont ils auroient de besoing pour leurs personnes, & leur suitte. Quant à ce qui touchoit à leur Ambassade, il les aduisa d'en traicter par escrit, mais briefuement, & en peu de paroles. Les Ambassadeurs baiserent les mains à Monsieur le Gouuerneur remerciant de son offre, & de l'affectiõ dõt il daignoit les honorer : disans qu'ils n'auoient affaire de riẽ s'estãs pouruueus de tout à leur embarquement : qu'ils se gouuerneroient selon son aduis en leur Ambassade : qu'ils prioient d'auoir seulemẽt des Truchemans de sa main, & d'estre pouruueus d'eau pour leur argẽt. Le iour suiuant ils pre-

fenterent vn Efcrit en forme de requefte, par laquelle ils
fupplioient le Roy de renoüer le commerce auec la Cité de Macao. Cefte requefte fut enuoyée au Roy de la
part du Gouuerneur, par vn courrier exprés qui partit
de là l'onziefme de Iuillet, & fit fon voyage auec tant
de hafte, qu'il arriua en Cour onze iours aprés, quoy
qu'ordinairement l'on employe vn mois en ce chemin.
Le Roy fe hafta bien d'auantage de mettre au iour fa
barbarie. Il depefcha auffi toft deux Tonos, ou Sei-
gneurs de fa Cour nommez Canga Chuminimbu, &
Nouaja Mamxibejoye, afin de faire fupplicier contre
tout droit des gens, les Ambaffadeurs, & toute leur fui-
te. Et ceux-cy fe rendirent à Nangazaqui dans dix
iours, & y arriuerent le premier d'Aouft, auec la fentence du Tyran en datte du vingt & vniéme du mois de
Iuillet. Ces Tonos trainerent quant & eux autant de
fergeans, comme il y auoit de perfonnes à executer: ce
qu'ils firent pour n'ofer pas fe fier à ceux de Nangazaqui, qu'ils fçauoient eftre en bonne intelligence auec
les Portugais, à raifon du commerce depuis long-
temps.

Pour hafter l'execution de cette inique fentence, ils
firent affembler tous les Portugais de Macao à l'Ho-
ftel de ville, entre les dix ou onze heures du matin fui-
uant, iour de Noftre Dame des Anges, horfmis quatre
ou cinq qu'on laiffa dans le port, les autres s'y en allerent les vns fe doutans de mauuais fuccés, les autres
prenans cecy à bon augure, comme fi on vouloit depef-
cher bien-toft leur Ambaffade. Arriuez qu'ils furent à
la porte de la Maifon de ville, on depefcha foudain les
Bonguios, chercher les quatre ou cinq qui eftoient de
cefte, fi bien que les foixante & quatorze, qu'ils eftoient
en la lifte, s'y treuuerent, fans que pas vn feul y man-
quaft.

A l'entrée de la premiere porte ils fe virent inueftis
de genfd'armes, qui les attendoient en la premiere
court, & qui les departirent en trois bandes ; dont ils
laifferent la premiere dans la premiere court, la fecon-
de en la fuiuante, & la derniere en la troifiefme, celle-
cy eftoit compofée des Ambaffadeurs, & des Portugais,
& Caftillans, qui faifoient le nôbre de dix neuf. Ceux-
cy entrerent dans la Salle du Parquet, où s'eftoit tranf-
porté le Gouuerneur de Nangazaqui, affis en fon fiege,
au milieu de deux autres preparez pour les deux Tonos, qu'il attendoit. Le Gouuerneur fit feoir les Ambaffadeurs, mais fans tapis, ou nattes aucunes qui eft
vne efpece de difcourtoifie entre les Iaponois, les autres Portugais, & Caftillans demeurerent en pied. Peu
apres arriuerent pareillement les deux Tonos, & ayans
pris leurs places, ils demanderent aux Ambaffadeurs
comme quoy ils auoient efté fi ofez d'entrer dans le
Iapon, fçachant bien que le Roy par fon Edit publi-
leur en defendoit l'entrée fous peine de mort : A cecy
ils refpondirent, qu'ils n'ignoroient pas voirement ceft
Edit, mais que cefte Loy fe deuoit entendre pour ceux
qui y viendroient trafiquer, & non pas pour des Ambaffadeurs, tels qu'ils eftoient, venus à deffein de trai-
éter auec le Roy du reftabliffement du commerce. Les
Tonos ne repartirent rien à cela, mais commanderent
à vn Interprete de leur lire la fentence, qu'ils auoient
apportée de la Cour, & fait traduire en Portugais, dont
voicy la teneur.

Pour autant que les Chreftiens font trouuez con-
uaincus de plufieurs, & lourdes fautes, publians leur
Loy dans le Iapon contre le mandement, & prohibition
rigoureufe du Roy : le mefme Seigneur deffendit l'an
paffé à toute rigueur le paffage des vaiffeaux de Macao au Iapon, fous peine d'auoir les vaiffeaux bruflez

& les personnes contreuenantes à cest Edit, condānées
à mort. Et combien que ceste sienne ordonnance
eût esté publiée, & intimée à ceux de Macao, neantmoins ils auroient esté si outrecuidez que d'enfraindre
sa Loy, & prohibition enuoyans en ce Royaume vn
Nauire; enquoy ils sont dignes d'vn chastiment exem-
plaire. Et quant à ce qu'ils alleguent, qu'ils n'ont iusques à present enuoyé aucuns Predicateurs de la Loy
Chrestienne au Iapon: il est aisé d'en descouurir la
fausseté, veu que les lettres de la Cité n'en font aucune
mention particuliere: ce qu'elles eussent fait sans doute,
veu la cognoissance qu'ils ont que la cause de ceste
prohibition, n'est autre que le desir d'empescher la Loy
Chrestienne. C'est pourquoy, tous ceux qui sont venus dans ce vaisseau sont coupables de mort, sans exce-
ption de personne. Donc le vaisseau sera bruslé, & les
chefs seront decapitez, auec ceux qui les accompa-
gnent. Mais afin qu'en Macao, & aux autres Royaumes ceste execution soit connuë, on donnera la vie à
quelques esclaues, ou autres des plus vils d'entr'eux,
qu'on renuoyera à Macao; afin d'y faire entendre qu'on
n'espargnera non plus tous ceux, qui d'icy en auant
oseront aborder à quelque port que ce soit du Iapon.
Donné la sixiesme Lune de l'an 17. de Quanici, qui est
le 11. de Iuillet de l'an M. DC. XL. Signé des sept Gouuerneurs de la Tenza Camono Cami. Vouoino Cami,
Sanuquino Cami, Cangano Cami, Isuno Cami, Bungano Cami, Teuximano Cami.

Ceste sentence ayant esté leuë, les Tonos dirent aux
Ambassadeurs: le Roy commande que ceste sentence
soit executée sur vous, & sur vos gens, à quoy ils ne re-
pliquerent rien, mais se resiouïrent grandement comme bons Chrestiens, qu'ils estoient, de voir dans ladite
sentence le titre formel, qui en rigueur peut estre re-

quis afin de mourir veritablement pour la Foy & quant
au crime dont on charge ceux de Macao, de n'auoir
en leurs lettres promis au Roy du Iapon, de n'enuoyer
aucuns Religieux de Macao pour prescher la loy Chrestienne dans ses Royaumes : cela est si esloigné de tout
blasme, qu'au contraire c'est vn tesmoignage de leur
pieté, digne de toute loüange : veu que semblable promesse tournetoit à notable interest de nostre saincte
Foy. Il est vray pourtant, qu'en general dans les lettres
de creance, & dans les instructions que la Cité auoit
données aux Ambassadeurs, ils affirmoient auoir prié
les Prelats & les Superieurs de Religion tant de Macao,
que de Manilla, ou des Philippines, de ne pas enuoyer
leurs subjects au Iapon, pendant cest edict & Prohibition du commerce, craignant d'irriter d'auantage le
Tyran : auquel comme on auoit donné communication
desdictes lettres, ainsi n'auoit-il peu ignorer, & beaucoup moins improuuer raisonnablement leur procedu-
re, ny esconduire les Ambassadeurs, ou desauoüer leur
qualité, Leuë que fut ceste sentence, on laissa les Ambassadeurs enuiron vn quart d'heure sans leur parler : au
bout duquel les Tonos firent vn certain signal aux Sergeans Iaponois, qu'on auoit posez derriere vn chacu-
d'eux, puis tout à coup se jetterent dessus, les empoin
gnerent, & leur lierent les mains derriere le dos, & en
outre leur donnerent vn tour de corde autour de la poictrine si court, & serré, que lors qu'ils pensoient de-
stendre les bras pour se soulager, ils s'estrangloient, &
s'ils taschoient de se leuer, ils ne pouuoient. On les tira
aussi-tost de la salle du Parquet, & l'on les arrangea dans
la court voisine. Tandis qu'on les garrottoit l'Ambassadeur Louys Pacheco leur demāda où ils auoient appris
defaire affront de la sorte a des Ambassadeurs, qui par
droict de gens sont priuilegez parmy toutes les nations

du monde : L'Ambassadeur Rodrigo Sanches de Paredes dit aux Iurabaças ou Truchemans, d'aduiser les
Tonos que l'on n'auoit iamais traicté si inhumainement des personnes de leur qualité ; & ayant appellé
Antoine de Carauaillo l'vn des Truchemans il luy dit :
Antoine vous serez tesmoin comme quoy on nous
garrotte à dessein de nous faire mourir purement pour
ce que nous sommes Chrestiens, sans autre cause.

A mesme temps & maniere les Sergeans se saisirent
de tous les autres du nauire, qui estoient en la premiere,
& deuxiesme court : & les menerent tous en prison,
ou les Tonos aboucherent les Ambassadeurs chacun à
part, & leur firent diuerses demandes touchant leur Ambassade : comme aussi à vn Iean Delgado Canarin, à vn
Dominique de Quadros Malabare, & à vn Iao natif de
Macao : & ces trois derniers respondirent ne sçauoir
rien de ceste Ambassade, veu qu'ils estoient pauures
garçons, & seruiteurs. On leur demanda s'ils estoient
contens de mourir auec les Ambassadeurs, ou bien s'ils
aimoient mieux de s'en retourner à Macao, rapporter
les nouuelles de leur mort. Ils repartirent à cela que
c'estoit à eux à en ordonner, que pour eux ils estoient
indifferens à l'vn, & à l'autre. Ce qui mit les Tonos
dans vne grande admiration, les voyant si peu soucieux
de la vie, ou de la mort.

D'icy à peu de temps les Truchemans vindrent s'en-
querir s'il y auoit entr'eux quelqu'vn qui s'entendist
au pilotage, & qui voulut entreprendre de gouuerner
vn vaisseau, & le conduire à Macao, à quoy personne
ne respondit : les Truchemans insistans sur la mesme
demande : Dominique Franco Capitaine du Nauire
s'addressant à Manuel Fernandes : Seigneur Manuel,
vous sçauez, fit-il, l'art de la mer. Et celuy-cy ne le
desauoüa pas, mais personne ne se presenta pour ceste

charge, beaucoup moins promit de conduire vn vaisseau à Macao. Ce qu'ayant appris les Truchemans ils se retirerent, puis retournerent vn peu apres auec vne liste, dans laquelle Manuel Fernandes estoit nommé pour Pilote du Nauire, qui deuoit aller à Macao, puis suiuoient les noms de l'Escriuain & autres officiers choisis pour ce voyage : & auec eux neuf autres Mariniers partie Chinois, partie Negres tirez au sort de quatre l'vn.

La nuict les Truchemans apporterent à manger à tous, mais personne n'en toucha : ils la passerent toute en veille, tantost chantant les Letanies, le Miserere, le Te Deum, & autres prieres : tantost prians chacun à part, quelques vns se disciplinerent rigoureusement, auquel effect les vns deslierent leurs compagnons à belles dents : & ceux-cy firent le mesme deuoir aux autres ayans les mains libres, d'autres exhortoient leurs compagnons, & s'encourageoient les vns les autres à mourir pour IESVS-CHRIST : Il ne fut pas mesmes iusques aux Negres, qui ne rendissent graces à nostre Seigneur de ceste tant signalée faueur qu'il leur faisoit : & qui ne demandassent pardon qui à son Maistre, qui à ses Esclaues auec vne profonde humilité, & vn extraordinaire sentiment de joye. Iusques-là que les voisins en estoient rauis : & les Iurubaças, ou Interpretes les vindrent prier de moderer vn petit leur feruteur, d'autant qu'ils empeschoient leurs gardes de dormir. Les quatre Ambassadeurs, & le maistre du Nauire Manuel Aluares se rendirent fort signalez en ces deuoirs, specialement l'Ambassadeur Rodrigo Sanches de Paredes : qui prescha auec telle feruteur, & efficace la Foy de IESVS-CHRIST, & la gloire du Martyre, qu'il en resta tout enroué, sans pouuoir parler.

Sur les cinq heures du matin troisiesme d'Aoust les

Bunguiòs vindrent à la prison auec force gens-d'armes,
faisans grand bruit : & leurent derechef la sentence aux
soixante & vn, qui deuoient estre decapitez. Cela fait
ils tirerent premierement de la prison les treize que
l'on alloit renuoyer à Macao, & les firent seoir dans
vne court de la prison, & là on à attacha chacun d'eux
vne bandetolle de papier blanc, dont la hante estoit
liée aux costés, & la banniere paroissoit par dessus
la teste : sans qu'il y eust aucune chose escrite sur le papier, c'estoit vne marque, & vn signal par où on re-
connoissoit qu'ils n'estoient pas destinez à la mort. En
suitte on tira les autres soixante & vn, que l'on fit seoir
pareillement en la court, mais à part : chacun portoit
semblablement sa banderolle, differente toutesfois des
autres : car elles contenoient la sentence de mort en
lettres Iaponoises. De là ils les conterent vn à vn, & les
garrotterent derechef, mais plus serré, & plus rudement
ceux qui deuoient estre executez. Sur ces entrefaictes
on leur porta encor à manger : mais personne n'en gou-
sta, hors vn garçon Portugais, nommé Benoist de
Lima Cardoso, soldat du Nauire : Celuy-cy en prit vne
bouchée : puis il s'eschappa de sa bande, si regorgeant
de joye, & d'allegresse, qu'il ne pouuoit se tenir de rire,
& ainsi il s'en alla aboucher les treize, qui deuoient
s'en retourner à Macao : & apres leur auoir humble-
ment demandé pardon, si en quelque cas il les auoit of-
fensez, il vint se ranger à sa premiere bande. Mais deuant que tirer les bien-heureux Confesseurs de la
Cour, pour les emmener en la ruë, on leur fit deman-
der, estans assemblez, de la part des Bonguios, s'il y a-
uoit quelqu'vn d'entr'eux qui voulust cheoir (ils se
seruent de ce mot, pour dire renier la Foy) que le Roy
en ce cas leur donnoit la vie, & le pardon : à quoy ils
respondirent incontinent, & d'vne mesme voix, qu'ils

desiroient tous mourir pour l'amour de I E S V S-
CHRIST, & de sa tressaincte Foy : ce qu'ils dirent
auec tant de chaleur, & allegresse, qu'ils firent assez
paroistre que la grace de Dieu leur donnoit ceste force, & ce courage. Alors l'Ambassadeur Simon Vaz da
Païua se prit a dire à haute voix, & alegre : Sus, sus
pour maintenant, loing, loing, toute tristesse, nous mourons pour la Foy de I E S V S-CHRIST, & demeura
dans ceste allegresse, & contentement iusques à la fin.
Les Bonguios mal satisfaits de ceste heroïque protestation, les firent de nouueau, mais vn à vn interroger par
les Iurubaças, où Interpretes s'ils ne vouloient pas renier la Foy, auec promesse de leur conseruer la vie,
voire mesmes on presenta de l'argent à quelques valets d'entr'eux, afin de les desbaucher, mais nul ne
bransla tant soit peu : ils persisterent tous genereusement en la resolution qu'ils auoient prise, sans faire estat
de la vie, beaucoup moins de l'argent. Les Iurubaças
n'acheuerent pas de les interroger tous en particulier:
d'autant que ces braues champions hausserent la voix,
& redoublerent si vnanimement la protestation de vou-
loir mourir pour la Foy, que lesdicts Interpretes desi-
sterent de leurs interrogats : voyans bien qu'ils se pei-
noient en vain. Simon Vaz de Païua se porta en Capitaine de I E S V S-CHRIST à ceste demande : disant
au Truchenian : Quoy barbare, tu me fais donc c'est
interrogat : à moy, tu ne me connois donc pas : tu ne
vois pas que ie suis vendu à I E S V S-CHRIST : tu me
veux donc arracher des mains la palme que ie tiens?
L'inuincible soldat Benoist de Lima Cardoso susmen-
tionné, quoy, que ieune garçon de dix-neuf ans, n'en
dit pas moins, interrogé s'il ne vouloit pas cheoir, il
respondit comme par desdain, & se gaussant du Truche-

man. Choeir ? ha vrayement. Ouy, ouy ie veux
cheoir tout à plat à terre, quand on m'aura couppé la
teste. Vn garçon Chinois appellé François, aagé de
vingt-trois ans, & qui estoit au seruice de l'Ambassadeur Gonçalo Monteiro de Caruaillo, respondit à ceste demande à voix haute, pleine de resolution, & de
hardiesse, qu'il estoit Chrestien, & qu'en ceste qualité
il s'en alloit mourir pour IESVS-CHRIST, & s'il
auoit cinquante vies il les sacrifieroit toutes à l'amour
du mesme Seigneur. Les Bonguios demeurerent confus, & desesperez de vaincre ceste valeureuse trouppe:
à laquelle neantmoins ils liurerent vn troisiéme assaut:
qui fut repoussé de la mesme sorte, sinon qu'ils s'es-
crierent tous d'vn mesme esprit, qu'ils auoient vn seul
regret de n'auoir pas mille vies, pour les consacrer à
leur Dieu en Sacrifice, ce qui mit ces barbares dans vn
tel estonnement, qu'ils n'oserent plus de là en auant
leur parler de renier la Foy. Antoine Caruaillo les yeux
ruisselans en larmes, que la joye & la crainte luy ti-
roient (la joye pour soy, la crainte pour ses compagnons) les coniuroit de tenir bon iusques à la mort.

Entre les six & sept heures du matin, on les tira de
la Court prés de la prison, pour estre conduits au lieu
du supplice. Sortant de la porte, l'Ambassadeur Gonçale Monteyro se tourna vers les Portugais qui deuoient
retourner à Macao, & leur fit ceste protestation de
sa Foy. On m'appelle Gonçale Monteyro de Caruaillo, ie suis natif de Meijam frio au Royaume de Portugal, Fils d'Antoine Monteyro de Caruaillo, & de Marie
Pinta : vous me serez tous tesmoins, que ie meurs pour
IESVS-CHRIST, & pour nostre saincte Foy Catho-
lique : & ie vous prie d'en faire le recit à ceux de Macao.
Les Ambassadeurs Loui Païs Pacheco, Rodrigo Sau-

ches de Paredès, & Simon Vaz de Païua leur dirent:
Obligez nous d'aſſeurer ceux de Macao, que nous
mourons tous fort alegres, & contens pour la Foy de
IESVS-CHRIST. Simon Vaz de Païua dit de plus
à Manuel Fernandes, qui auoit eſté denommé Pilote du
vaiſſeau, qu'on enuoyoit à Macao, Sieur Manuel, allez
hardiment à Macao, vous y arriuerez ſain & ſauf: mais
demandez aux Tonos tout ce qui vous eſt neceſſaire,
& plus de gens pour vous ayder à gouuerner le nauire,
car ceux qui vous ſont aſſignez ne ſont pas baſtans.
Parlez leur hardiment de ce fait, car ils ne manqueront
de vous accorder le tout, d'autant qu'ils deſirent que
vous portiez ces nouuelles à noſtre Cité: Seruez-vous
des deniers que vous treuuerez dans noſtre vaiſſeau, &
n'ayez peur que l'on vous faſſe mal. Puis ſe tournant
vers les Iurubaças, il leur recommanda de faire fournir
des gens à Manuel Fernandes pour ſon voyage. Ce qu'il
dit auec tant de courage, & vn eſprit ſi tranquille, comme s'il eſtoit hors de tout peril. Voicy l'ordre qu'ils tin-
drent marchans par les ruës pour aller au lieu de leur
triomphe. A front marchoient deux Miniſtres de la Iu-
ſtice, auec force genſd'armes: puis vn Heraut qui pu-
blioit la ſentence du Roy, & de vpix, & par eſcrit
dans vne banniere de papier couſuë à vn baſton qu'il
portoit haut eſleué. De là ſuiuoient les Confeſſeurs de
IESVS-CHRIST, en forme de proceſſion. En premier lieu marchoit Louis Païs Pacheco, qui eſtoit ſui-
uy des trois autres Ambaſſadeurs, ſçauoir eſt Rodrigo
Sanches de Paredes, apres luy Simon Vaz de Païua, &
finalement Gonçalo Monteyro de Caruaillo. Derriere
les Ambaſſadeurs eſtoient rangez la pluſpart des Portugais, & Caſtillans, & apres eux le reſte de la trouppe
condamnée à mort: les treize reſeruez en vie ſer-

moient la procession : & auoient à dos quantité d'autres Ministres de la Iustice, & force soldats. Les Ambassadeurs auoient leurs capotes & les mains liées derriere le dos, comme tous les autres, plusieurs marchoient pieds nuds, quelques vns en chemise, & calçons
blancs, ayans laissé leurs habits dans la prison pour
leurs gardes, à qui ils les auoient donnez de franche
volonté : specialement le braue champion de IESVS-
CHRIST, Benoist de Lima Cardoso, qui s'estoit despoüillé auec grand' joye & contentement, & tous
auoient la teste nuë. Toute la ville de Nangazaqui
s'estoit jettée sur les ruës, tesmoignant vn tres-grand
ressentiment de leur mort : & quoy que personne n'ofast leur parler, si ce presentoient-ils en grand nombre
de toutes parts auec des vaisseaux de porcelaine, pour
leur donner à boire, monstrant par cé pieux office
l'enuie qu'ils auoient de les seruir, Nul d'entre les
Gentils ne leur fit aucun outrage, ny ne les hua, ou
gaussa, comme la racaille à coustume de faire : On ne
les empescha non plus de traicter par ensemble, & de
prescher la Foy de IESVS-CHRIST. Ce qu'ils faisoient tous à l'enuy ; sur tous Manuel Aluares le Maistre du nauire, qui se faisoit entendre clairement, non-
obstant le bruit, & tracas du peuple. Les vns recitoient
quelques prieres deuotes, les autres les yeux esleuez
au Ciel, se recommandoient a Dieu, & luy demandoient pardon de leurs fautes, & tous en general estoiét
si comblez de joye, & de contentement, que les barbares en estoient rauis d'admiration. Ils firent en ceste
sorte presque vne demie lieuë de chemin, auant que
d'arriuer au lieu du supplice, qui estoit vne Montagne
hors de la ville, appellée communément les Saincts ou,
la Montagne des Martyrs, à raison d'vn grand nombre

de Chrestiens, qui y ont enduré la mort pour la confession de nostre saincte Foy; ils y arriuerent enuiron les
neuf heures du matin.

D'abord que les Saincts Confesseurs de IESVS-
CHRIST se virent sur le theatre de leur gloire, ils se
jetterent à genoux, en mesme rang, & procession qu'ils
estoient, & baiserent deuotement ceste saincte terre arrosée, & consacrée par le sang de tant de valeureux caualiers & Martyrs de nostre Sauueur. Aussi-tost les Ministres de Iustice les departirent en trois bandes, cour-
bées en demie lune: en la premiere furent posez les
Ambassadeurs auec tous les Portugais & Castillans,
dans la seconde les gens de marine, & de seruice Chinois, & autres nations, dans la troisiesme furent placez
les treize, qui deuoient retourner à Macao, mais ces
derniers estoient vn petit esloignez des autres, & sur
vn tertre à ce qu'ils peussent contempler à leur aise toute ceste tragedie, & en faire le rapport à ceux de Macao. Les Bonguios alloient & venoient parmy les bandes, donnans ordre à tout: & les Iurubaças ou Truchemans se tenoient auec les treize susmentionnez. Toute
la Montagne & la plaine voisine estoit couuerte de
monde, qui estoit accouru à ce glorieux spectacle. Icy
se redoubla la feruerur, & la joye des champions de
IESVS-CHRIST: qui à protester qu'ils mouroient
pour la Foy, qui à la prescher aux Gentils, qui à s'en-
courager les vns les autres à l'approche de la couronne
de gloire, que Dieu alloit poser sur leur teste, bref vn
chacun d'eux s'efforçoit auec vne contenance, & des
parolles pleines d'affection de tesmoigner sa resolution, & constance, sans qu'on peut recognoistre en aucun d'eux l'ombre seulement de crainte, ou d'appre-
hension de la mort. L'Ambassadeur Rodriga Sanches

de Paredes, pour seeller authentiquement vn acte si important, demanda par trois fois, si on les faisoit mourir pour IESVS CHRIST? & luy ayant esté respondu qu'ouy, il protesta autant de fois qu'il mouroit tres-content pour son Sauueur, & Redempteur. Le Maistre du nauire Manuel Aluares sortit de son rang, afin d'animer ses compagnons, & les exhorter de mourir valeureusement comme bons Caualiers de nostre Seigneur : & il preschoit la Foy Chrestienne auec tant de chaleur, & d'eloquence, qu'il deuança beaucoup tous les autres en cecy : & ne cessa de haranguer tant qu'on luy eust couppé la teste, ayant le Nom de Dieu en la bouche. Il se tourna aussi quelquesfois vers les treize reseruez en vie, les enchargeant de tesmoigner à tous ceux de Macao, comme quoy ils alloient mourir pour nostre saincte Foy. Il fit encor vne autre action digne de sa charité Chrestienne : car comme il vit parmy la derniere bande vn garçon de seize ans nommé Nicolas, sien esclaue Balaia ou Malabare, il fut le treuuer, & le tint prés de soy, disant : Mon enfant, ie desire que vous mouriez icy deuant moy, craignant qu'il ne vous arriue quelque malheur apres ma mort. Et en effect, on luy couppa la teste deuant son Maistre, qui receut vn extréme contentement de se voir asseuré du salut de ce garçon.

Les Bourreaux, qui estoient en grand nombre, estans tous appareillez, & ayans receu ordre des Bunguios de coupper la teste aux glorieux Confesseurs haussserent leurs cimeterres, & tous ceux-cy se mirent à inuoquer hautement le tres-Sainct Nom de IESVS & de MARIE, & presque à mesme-temps ils furent décollez tous, chacun d'vn seul coup : leurs saincts corps cheurent à terre, & leurs bien-heureuses ames s'enuolerent

au Ciel y receuoir la glorieuse palme , & couronne du
Martyre, qu'ils auoient si genereusement meritée, glori-
fiant IESVS-CHRIST, resiouïssant les Anges, & lais-
sant tous les barbares idolatres remplis d'estonnement,
& rauis de leur inuincible constance, & les Chrestiens,
qui furent presens à ce spectacle , quoy que cachez, es-
chauffez, & resolus de suiure leurs sainctes pistes, Les
quatre Ambassadeurs eurent les testes trãchées à coups
de-cimeterre. Le premier fut Gonçale Monteyro de
Caruaillo , qui tendant le col , rendit infinies graces à
Dieu pour ceste insigne faueur: le deuxiesme fut Simon
Vaz de Païua, & ces deux furent decapitez du premier
coup: le troisiesme Rodrigo Sanches de Paredes, qui ne
fut pas decollé du premier coup, la teste pendillante à la
peau du col , que le Bourreau acheua au second coup.
Louis Païs Pacheço receut pareillement vne seconde,
voire vne troisiesme atteinte, & fut le dernier qui mou-
rut de toute ceste bien-heureuse compagnie. Ils mou-
rurent tous pour IESVS-CHRIST vn Vendredy,
iour auquel leur Maistre donna semblablement sa vie
pour eux. Laquelle circonstance est d'autant plus re-
marquable, qu'ils partirent de Macao vn Vendredy, &
à semblable iour ils arriuerent au Iapon , pronostique
de ce que nostre Seigneur auoit ordonné d'eux.

A la veuë d'vn si glorieux spectacle, les Iurubaças
dirent aux treize, qui deuoient retourner à Macao:
qu'ils pouuoient bien asseurer leurs concitoyens, que
ces Confesseurs de IESVS CHRIST , estoient aussi
glorieux qu'aucuns autres, que le Iapon eust iamais
veus. Et de vray, sans preiudice de tant d'illustres Martyrs, qui ont scellé iusques à present leur Foy de leur
sang : les Iurubaças ont eu tres-bonne raison de faire
ce discours, eu esgard aux circonstances de ce glorieux

triomphe. Car ils partirēt en nombre de soixante & vn
de dixsept nations toutes differentes, & qui composent
presque toute l'Inde d'Orient, sçauoir est Portugais,
Castillans, Metifs, Indiens, Papamgos, Chinois, Bengalois, Cafres, Malayois, Timores, Solores, Ballalas, Malabares, Achenois, Canarins, Macassares, & IauoisSans
doute nostre Seigneur voulut estre par ceste occasion
glorifié au Iapon par tant de nations ramassées ensemble, pour confondre ces Payens, qui croyoient auoir
desia esteint tout à fait la saincte Foy dans ces Royaumes. La diuersité d'aage de ces saincts Confesseurs est
encor bien considerable : car nous y treuuerons des
ieunes, & des vieux, depuis l'aage de huict ans, iusques à soixante & huict. D'auantage, la qualité des nations specifiées par nous est grandement digne d'estre
considerée : car vous y verrez des Cafres brutaux, des
Bengalois stupides, des Malabares sauuages, des Chinois timides, & ainsi des autres : dont le naturel est
fort peu sortable à vn exploict & entreprise si heroïque. Mais sur tout il y a dequoy s'estonner, de ce que
la pluspart d'iceux auoient si peu de cognoissance de
Dieu, & estoient si peu instruits és mysteres de nostre
saincte Foy. Par exemple, quelle lumiere de la Foy, &
quelle cognoissance de Dieu pouuoit auoir vn enfant
Chinois, nommé Antoine, esclaue de l'Ambassadeur
Gonçale Monteyro de Caruaillo, veu qu'il n'auoit que
huict ans, & qu'il auoit esté baptisé vn peu deuant que
s'embarquer auec son Maistre pour le Iapon ? Nous
rencontrons dans ceste illustre trouppe vingt & neuf
valets, & esclaues, qui coustumierement sont mal appris, & peu reglez en leurs mœurs. Et neant-moins il
faut confesser, qu'en ceste inegalité de condition, d'aage, & de mœurs, il s'est treuué vn mesme zele de la Foy,

& vn mesme esprit de Dieu pour sacrifier sa vie. D'où nous concluons, que ce triomphe circonstantié de la sorte, a esté vn des plus signalez, qu'il se soit iamais veu dans le Iapon : & dans lequel nous lisons plus claire-ment les effets de la puissance de Dieu, & de sa diuine grace.

Ceste execution si glorieuse aux yeux de Dieu estant acheuée, les treize furent reconduits en la prison, & des gardes posées aux venerables reliques des corps morts : sans que les Iaponois les outrageassent, ou esprouuas-sent leurs cimeterres à les decoupper, comme ils ont de coustume; voire-mesmes vn des Sergeans s'estant auan-cé pour arracher les souliers à quelqu'vn des seruiteurs de Dieu, pour estre tous neufs, & faits de cuir d'Inde; qui est fort estimé en ce quartier-là, les Officiers ne le permirent pas: mais luy commanderent de les remettre aux pieds du trespassé. Les treize arriuerent à la prison enuiron les onze heures, ou on les deslia, & delà par ordre des Tonos, ils furent amenez à la maison de ville. Icy apres auoir esté interrogez s'ils auoient veu l'execu-tion de leurs compagnons, on leur dit qu'il auoient me-rité le mesme supplice; mais que le Roy leur donnoit la vie, afin de retourner à Macao, & y faire le recit de tout ce qu'ils auoient veu, & asseurer les habitans de la ville, qu'õ n'auoit fait mourir les autres pour autre cau-se, sinon pource qu'ils estoient Chrestiens, & pour auoir enfraint l'Edict du Roy. Peu apres on les mena voir brusler leur nauire, apres en auoir tiré tout ce qui estoit dedans, tant les viures, & munitions, cõme les armes, & artillerie, & tout l'argent, & or monnoyé : dont ils choi-sirent ce qu'ils iugerent necessaire ric à ric pour le voyage de Macao, auec les habits que lesdits treize auoient vestus? cela fait, ils mirent le feu dans le na-

uire, & le bruſlerent tout net ſans en reſeruer ny plan-
che, ny baſton. Ce fut la derniere piece de ceſte tragedie, qui s'acheua ſur le veſpre, l'ayans commencé dés les
dix heures du iour precedent.

Le matin ſuiuant quatrieſme d'Aouſt, les treize ſuſ-
mentionnez furent derechef mandez à l'Hoſtel de ville, où on leur fit les meſmes interrogats qu'auparauant,
& les Tonos les enchargerent de raconter le tout de
poinct en poinct à ceux de Macao, & leur dire que le
Roy du Iapon ne deſirent pas l'or ny l'argent des
Portugais, & que iuſques aux habits de ceux qu'on a-
uoit ſuppliciez, tout auoit paſſé par le feu. Et puis qu'il
eſtoit queſtion de les renuoyer à Macao, on leur fit
offre de les y paſſer ſur les vaiſſeaux Hollandois, qui
eſtoient au port de Firando, & deuoient bien-toſt déſ-
marer? ſinon, qu'on leur fourniroit vn batteau equippé,
& muny de toutes pieces, pour ce voyage: ce qu'ils
choiſirent, rejettant celuy des Hollandois. Par ceſte oc-
caſion on leur demanda à quel propos ils auoient char-
gé tant de pieces d'artillerie, & de munitïuns de guerre
dans leur vaiſſeau, contre la couſtume des nauires de
paſſage? A quoy ils reſpondirent, que cela s'eſtoit fait
à raiſon que la Cité de Macao auoit nouuelles cer-
taines, que la coſte de la Chine eſtoit infeſtée de Cor-
ſaires: que leur Ambaſſade eſtant de ſi grande conſide-
ration, la ville auoit iugé à propos de l'aſſeurer, & mu-
nir de la ſorte. Apres quelques autres diſcours jettez
de part & d'autre, les Tonos ordonnerent qu'ils fuſſent
conduits en la Montagne des Martyrs, pour y voir &
recounoiſtre les teſtes, & les corps des ſeruiteurs de
Dieu.

Ils furent donc conduits par les iurubaças ſur ladicte Montagne, & treuuerent les chefs des Martyrs po-

ſez ſur des planches rangez en trois ordres, au premier
eſtoient ceux des Ambaſſadeurs, au ſuiuant ceux des
Portugais, & Caſtillans, & au troiſieſme tous les autres;
& à front de tous ſe voyoit vn tableau, où eſtoit eſcrite
la ſentence de leur mort. Toutes les teſtes eſtoient encor bien freſches, & auec leur naïſve couleur, ſpecialement celles des Ambaſſadeurs. Apres que les treize les
eurent reconnuës vne pour vne, on leur monſtra vne
caue faite de nouueau, de quatre murailles, & voûtée
par deſſus, dans laquelle on auoit enterré les corps des
ſaincts Confeſſeurs, & par deſſus vn pieu auec l'eſcriteau de la ſentence de leur mort : pour memoire de ceſte execution, (ou pour mieux dire pour trophée de la
victoire emportée par ces glorieux ſoldats ſur l'infideli-
té) & pour intimider tous les Chreſtiens, afin que delà
en auant nul ne fuſt ſi oſé d'entrer dans le Iapon, non
pas meſme ſous le tiltre d'Ambaſſadeur du Roy de Portugal, ou de ſon Vice-Roy en l'Inde : ny comme marchand, ny ſous pretexte d'y auoir eſté pouſſé par la
tourmente, ou de quelque autre fortune, ou peril, ſous
peine d'auoir la teſte tranchée, & ſon batteau bruſlé. Et
ſçachent tous (chante le meſme eſcriteau) que ſi Phi-
lippe meſme Roy d'Eſpagne y venoit en perſonne contre l'Edit de l'Empereur du Iapon, ils luy couppe-
roient la teſte ſans aucune difficulté; voire encor, ſi le
Xaca (qui eſt la Maiſtreſſe Idole du Iapon) eſtoit treuué auec leſdits Chreſtiens, qu'il ſeroit mis à mort : ce
qu'ils executeroient encor plus volontiers ſur le Dieu
des Chreſtiens. Blaſpheme horrible, & digne de la bouche d'Enfer: d'où ce ſuperbe Tyran a humé la rage qu'il
porte contre noſtre ſaincte Foy. Ce qui doit ſeruir d'eſ-
guillon aux Chreſtiens, pour leur faire expoſer gaye-
ment leur vie pour la gloire de Dieu, ſi horriblement

foulée au pied par ce Tyran.

Les Iurubaças conterent aux treize, qui alloient s'embarquer; que le premier iour d'Aoust passé treiziesme de leur Lune, les gardes de Vomura, qui faisoient le guet sur le Nauire de Macao, virent de nuict vn grand globe de feu en l'air sur la poupe de vaisseau, & comme ils estoient songeans ce que ce pouuoit estre, ceste flamme prodigieuse s'euanouït à leurs yeux, que cela auoit esté cognu, & publié par toute la ville. Item que le second iour d'Aoust, auquel les Saincts Confesseurs furent pris, les Iaponois virent le Soleil fort sanglant, & comme errant de place à autre, comme aussi la Lune la nuict suiuantes ce que lesdits Iurubaças affirmoient estre tres-notoire à toute la ville de Nangazaqui, dont les citoyens demeurerent grandement estonnez d'vn si nouueau prodige, & iamais veu auparauant.

Attendant le temps de l'embarquement, les treize furent tousiours gardez par les soldats de Vomura, qui les contoient chaque iour, & les veilloient soigneusement, comme s'il y eust à craindre d'vne poignée de pauures estrangers, qui n'auoient rien de plus affilé que leurs dents. On les traicta tout ce temps fort inhumainement; & comme vn iour Manuel Fernandes Portugais, denommé Pilote du nauire qu'on leur deuoit fournir eust demandé aux Iurubaças quelques fruicts, ils respondirent, qu'ils n'oseroient pas seulement leur donner vne pipe de tabac, sans se mettre en vn euident peril d'estre fait mourir, comme on fait ceux qui recelent quelque Religieux Chrestien; voulant par là enrichir ce crime, qui est l'vn des plus grands que les Iaponois puissent commettre; tant est grande la rigueur qu'on y exerce contre ceux qui donnent quelque faueur aux Religieux cachez.

Les Tonos partirent de là l'onziesme d'Aoust auec le Gouuerneur de Nangazaqui vers Ximabara, à dessein de visiter les terres voisines, & y faire la chasse des Chrestiens. d'où ils retournerent à Nangaqui le 14. du mesme mois. Le lendemain ils allerent à la Cour de Yendo y rendre compte de leur commission, où ils demeurerent iusques au 19. & le vingt & cinquiesmè suiuant ils aduertirent les treize de se tenir prests & prendre iour pour leur embarquement, & ceux cy arresterent le premier de Septembre. Lequel estant arriué, les Bunguios & Iurubaças les conduisirēt au vaisseau preparé, & leur donnerent vn passeport, afin que s'il venoient à rencontrer quelques Corsaires Hollandois, ou Chinois, ils pûssent passer librement. A leuer l'ancre, les Iurubaças ne pûrent tenir les larmes de compassion. Et certes la rage que le Tyran Toxogun porte à la Religion Chrestienne se fait bien connoistre en ce que ceste interdiction du commerce, outre le dommage euident qu'elle cause au Roy par la diminutiõ de ses douanes, elle emporta pour ce coup aux Marchands du Iapõ l'interest de sept cens mille Taeis, ou Crusarts d'argent, dont ceux de Macao leur estoient redeuables. Mais il ne fit aucun estat de cela, pourveu qu'il puisse extirper nostre saincte religion de tous ses Estats.

Ils leuerent donc les ancres le premier de Septembre, & arriuerent à Macao le vingtiesme du mesme mois, non sans miracle, & estonnement de tous. Eu esgard que le Nauire, estoit tres-petit, & destitué non seulement de beaucoup de pieces necessaires, à vne telle nauigation, mais encor de Pilote, veu que Manuel n'auoit iamais gouuerné de vaisseau en ceste qualité; & cependant quoy qu'ils furent accueillis diuerses

fois de tres-furieuses tourmentes, qui penferent les per-
dre ; neatmoins on ne vit iamais vaiffeau fortir du port
du Iapon en vne faifon fi mal propre, & arriuer fi toft à
Macao. La ville eftoit dans vn grand defir, & attente
du bon fuccés de leur Ambaffade pour le reftabliffemét
du commerce auec le Iapon, mais Dieu voulut, pour des
raifons connuës à fa diuine Prouidence , qu'il fuffent
fruftrez de leurs efperances & qu'ils apriffent des nouuelles de la mort de leurs Ambaffadeurs, defaduanta-
geufes voirement au iugement des hommes du monde;
mais d'autant plus aggreables, & vtiles aux gens de
bien, que le commerce du Ciel, qui leur eftoit ouuert
par cefte mort, furpaffe celuy de la terre, que les Iapon-
nois leur auoient fermé. Il n'eft pas poffible de conce-
uoir, beaucoup moins d'expliquer la ioye & alegreffe
que ces nouuelles cauferent dans l'ame de tous les citoyens de Macao : pour eftre fi glorieufes à Dieu , & fi
honnorables à toute la ville. Tous vnanimément les
receurent auec vn fingulier contentement de leurs
ames , & non fans larmes de deuotion , & de ioye :
fe conjouïffans les vns auec les autres pour vne fi
heureufe aduenture, fpecialement auec les familles, &
parens des feruiteurs de Dieu , qui tous fe reueftirent
non pas d'habits de dueil, mais de fefte , nul d'entr'eux
ne pofa aucune marque funebre à fa porte : mais force
luminaires en figne de ioye. On fit iouër les carillons,
fonner les trompettes , & inftrumens de mufique, &
chanter force motets & chanfons en figne d'allegreffe.
Ce qui à la verité eft du tout admirable : confideré que
tout le bien & conferuation de cefte ville depend entie-
rement du commerce du Iapon ; fans doute qu'ils
croyoient que leur Ambaffade auoit mieux reüffi, qu'ils
n'euffent ofé efperer , meſmement pour les biens tem

porels ; & que leurs Ambassadeurs ayans pris port au
Ciel, y negotieroient heureusement les affaires de ceste
Republique, & leur ouuriroient quelque autre chemin
pour leur conseruation.

Le Conseil de la ville fut incontinent assemblé, où
se trouuerent l'Administrateur de l'Euesché, le R · P ·
Frere Benoist de Christ de l'Ordre du Seraphique Pere
S. François, le Capitaine General Dom Sebastien Lo-
bo de Silueira auec les autres officiers Royaux, Superieurs des Religions, & les principaux citoyens de la
Republique aux fins de traiter de la maniere qu'ils deuoient tenir pour tesmoigner leur allegresse, & rendre
graces à Dieu. Là dessus le R · P · Administrateur tira
vne briefue information dudict succés : mais iuridique,
& confirmée par le sermént des treize personnages re-
tournez du Iapon, de là il commanda de sonner ensemble toutes les cloches des Eglises, & Conuents, au premier signal qu'en donneroient celles de l'Eglise de
Nostre Dame sur l'heure de Vespres ; ce qui causa tant
de ioye à tous les habitans, que la plus part ne peurent
tenir les larmes ; les vns sortoient aux ruës, d'autres aux
fenestres de leurs maisons, & tous tant hommes que
femmes, iusques aux enfans que l'on portoit aux mam-
melles, faisoient paroistre du contentement, & resiouys-
sance. Dans l'Eglise de Nostre Dame fut chanté vn
Te Deum fort solemnel, le Tressainct Sacrement ex-
posé sur l'Autel : auec vn concours presque de toute
la ville : on n'y oublia pas la musique, carillons, saluë
d'artillerie, & autres tesmoignages d'vne allegresse pu-
blique. La feste dura vingt-iours entiers, pendant laquelle toutes les nuicts furent esclairées de quantité de
feux, & de luminaires qu'on alluma aux maisons prin-
cipalles, sur toutes en celles des familles & parens des

glorieux Confesseurs, comme auſſi aux maiſons Relli-
gieuſes. Mais les trois nuiſcts dernieres par ordre & cry
public on fit des feux de ioye par toute la ville, non ſans
courſes de cheuaux, & autres esbats: ſpecialement en
l'Octaue de Noſtre Dame du Roſaire. Le Magiſtrat a-
uoit auſſi deſſeigné vne proceſſion ſolemnelle à l'honneur des Seruiteurs de Dieu: laquelle le R. P. Adminiſtrateur euſt tres-volontiers permis, n'euſt eſté la prohibition faicte par le S. Concile de l'Archeueſché de Goa
de ne pas faire de proceſſions, ou feſtes publiques à
l'honneur de ceux qui meurent pour la Foy, s'ils ne
ſont au preallable aduoüez & canoniſez de l'Egliſe Ro-
maine. Laquelle Canonization la ville de Macao pro-
cure ſoigneuſement auiourd'huy en faueur des glorieux
Confeſſeurs leurs citoyens. Le Magiſtrat de la ville en
corps accompagné du R. P. Adminiſtrateur fut viſiter
en leurs logis les Vefues, & enfans deſdits Ambaſſadeurs, pour les feliciter de ce bon-heur eſcheu à leurs
familles, & leur offrit tout leur ſeruice, & ſecours. Ils
en firent faire autant par leur Procureur aux femmes
de tous les autres Portugais, executez pour la Foy auec
eux: & finalement pour les Vefues, & enfans, ou parens du reſte de ceſte glorieuſe trouppe, le Pere de la
Compagnie, qui a charge d'inſtruire les Eſclaues, &
nouueaux Chreſtiens, & qui pour cela eſt appellé le
Pere des Chreſtiens, fit le meſme deuoir de la part du
Magiſtrat, leur offrant toute faueur,& aſſiſtance. Dieu
ſoit loüé eternellement en ſes Saincts. Amen.

LISTE

LISTE
DES AMBASSADEVRS,
ET DE TOVTE LA
COMPAGNIE.

Ambaßadeurs.

Louis Païs Pacheco Portugais, natif de Cochin en l'Inde, habitant de Macao, aagé de 68. ans, ou enuiron.

Rodrigo Sanches de Paredes Portugais, natif de la ville de Tomar en l'Archeuesché de Lisbonne, marié à Macao, aagé de 55. ans, ou enuiron.

Simon Vaz de Païua Portugais, natif de Lisbonne, marié à Macao, aagé d'enuiron 53. ans.

Gonçale Monteyro de Caruaillo Portugais, natif de la ville de Meijamfrio de l'Euesché du Port en Portugal, domicilié à Macao, aagé de 51. ans, ou enuiron.

Portugais, Officiers du Nauire, Soldats,
& Mariniers.

Dominique Franco Portugais, natif de Lisbonne, marié à Macao, & Capitaine du nauire, aagé de 50. ans, ou enuiron.

François Dias Boto Portugais, natif de Lisbonne, marié à Goa, Pilote du nauire, aagé de 55. ans, ou enuiron.

Manuel Aluares Franço Portugais, natif de Lisbonne, marié à Macao, Maistre du nauire, aagé de 33. ans, ou enuiron.

Diego Dias Milhano Portugais, natif de la ville de Barcellos, Archeuesché de Brague, marié à Macao, Connestable du nauire, aagé de 40. ans, ou enuiron.

Benoist de Lima Cardoso Portugais, natif de la ville du Port, paroisse de S. Nicolas, non marié, soldat du nauire, de dix-neuf ans, ou enuiron.

Diego Fernandes Portugais, natif de Bimposta, Euesché de Coimbre, marié à Macao, soldat du nauire, aagé de 28. ans.

Louis Baretto Fialho Portugais, natif de la Citadelle d'Ormus en Perse, marié à Macao, soldat du nauire, aagé de 25. ans.

Emmanuel Nogeiro Portugais, natif de Lisbonne, marié à Macao, soldat du nauire, aagé de 25. ans.

Diego dos Sanctos Portugais, natif de la ville de Cascaes, Archeuesché de Lisbonne, non marié, marinier, aagé de 35. ans.

Iean Rodrigues Portugais, natif de Lisbonne, paroisse de Saincte Catherine du Mont Sina, marié à Macao, marinier, de 30. ans, ou enuiron.

Iaspar Martins Portugais, natif de la ville de Viana de Caminha, Archeuesché de Brague, & bourgeois d'icelle, marinier, aagé de 35. ans.

Damien Francisco Portugais, natif de Sainct Ouaya proche de Pica de Regalados, Archeuesché de Bra-

gue, marié à Macao, marinier, aagé de 50. ans, ou
enuiron.

Castillans, & Metifs.

Alonſo Gallegos Caſtillan, natif de la ville de Raſat
au Royaume d'Andalouſie, Archeueſché de Seuille,
habitant de Macao, ſoldat du nauire, aagé de 45. ans,
ou enuiron.

Iean Henriquez Cariano Metif, d'vn Pere Caſtillan,
& d'vne Mere Indienne, natif des Iſles Philippines,
Eueſché de Cauayan, marié à Macao, ſoldat du nauire,
aagé de 30. ans.

Pierre Perés Caſtillan, natif de la ville de Chantada
au Royaume de Galice, Eueſché de Ourencia, marinier, aagé de 45. ans, ou enuiron.

Diego de Mendoça Metif, d'vn Portugais & d'vne
Indienne, natif de Chaul en l'Inde, marié
ſoldat du nauire, aagé de 30. ans, ou enuiron.

Chinois natifs de Macao, qu'ils appellent
baças, Mariniers du nauire de
l'Ambaſſade.

Pierre Vaz Chinois, natif de Macao, marié à Naga-
patan, marinier, aagé de 57. ans, ou enuiron.

Michel de Araujo Chinois, natif de Macao, & marié en la meſme ville, marinier, aagé de 17. ans, ou
enuiron.

Dominique da Cunha Chinois, natif de Macao, &
marié là meſme, marinier, aagé de 30. ans, ou enuiron.

Dominique Fernandes Chinois, natif de Macao, & marié en Manille, marinier, aagé de 50. ans, ou enuiron.

Chinois natifs du Royaume mesme de la Chine.

François Leitano Chinois, marié à Macao, marinier, & charpentier du nauire, aagé de 35. ans, ou enuiron.

Sebastien Rocha Chinois, marié à Macao, marinier, de 35. ans, ou enuiron.

Antoine Carneiro Chinois, marié à Macao, marinier, aagé de 30. ans, ou enuiron.

Ioseph Tauares Chinois, marié à Macao, marinier, aagé de 35. ans, ou enuiron.

Antoine de Moraes Chinois, marié à Macao, marinier, aagé de 28. ans, ou enuiron.

Auaro Marin Chinois, non marié, marinier, aagé de 30. ans, ou enuiron.

Autres Chinois naturels, seruiteurs des Ambassadeurs, ou de leurs gens.

Ioseph Chinois, non marié, à l'aage de 19. ans esclaue de l'vn des Ambassadeurs.

François Chinois, non marié, aagé de 23. ans, esclaue de l'Ambassadeur Gonçale Monteyro.

Antoine Chinois, garçon de huict ans, esclaue du mesme Ambassadeur.

Nicolas Chinois, non marié, aagé de 27. esclaue d'vn Ambassadeur.

Dominique Chinois, de 27. ans, non marié, esclaue

d'vn Ambaſſadeur.

Emmanuel Chinois, non marié, aagé de 25. ans, valet du Pilote.

Lazare Chinois, non marié, aagé de 17. ans, eſclaue d'vn Ambaſſadeur.

Bengalois ſeruiteurs des Ambaſſadeurs, &
de leurs gens.

Paſchal Bengalois, non marié, aagé de 36. ans, ou enuiron, eſclaue d'vn Ambaſſadeur.

Iean Bengalois, non marié, à l'aage de 50. ans, ou enuiron, eſclaue du Capitaine du nauire.

Matthieu Bengalois valet du meſme Capitaine à l'aage de 23. ans, non marié.

Emmanuel Bengalois, non marié, eſclaue & cuiſinier du meſme Capitaine, aagé de 30. ans.

Gonçale Bengalois eſclaue de Diego Fernandes, ſoldat du nauire, non marié, aagé de 34. ans.

Dominique Bengalois, non marié, aagé de 35. ans, eſclaue du Capitaine du nauire.

Canarins, & Achenois Mariniers.

Auguſtin Correa Canarin, natif de l'Iſle de Bardes, du Village de Nerul aux Indes, marié à Macao, aagé de 40. ans, marinier.

Iaſpar Monteiro Achenois, natif de l'Iſle de Sumatra, non marié, aagé de 35. ans, marinier.

Seruiteurs natifs de Ballaſa.

Sebaſtien Ballalois, de bonne maiſon entre les Malas

barea en l'Inde, non marié, aagé de 23. ans, esclaue du Capitaine du nauire.

Nicolas Ballalois en l'Inde, esclaue du Maistre du nauire, aagé de 16. ans, ou enuiron.

Antoine Ballalois esclaue de l'Ambassadeur Rodrigo Sanches, aagé de 19. ans, ou enuiron.

Malabarois naturels.

Antoine Malabarois, esclaue, non marié, aagé de 20. ans, ou enuiron.

Gonçale Malabarois, esclaue du Capitaine, aagé de 20. ans, non marié.

Thomas Malabarois, aagé de 25. ans, esclaue, non marié.

Iean Malabarois, esclaue, non marié, aagé de 27. ans.

Ierome Malabarois, non marié, esclaue, de 18. ans, ou enuiron.

Cafres, ou Negres.

Antoine Cafre, Sena de nation, natif de la Cafrarie (qui est vne region dans l'Afrique) aagé de 25. ans, ou enuiron, non marié, esclaue de l'Ambassadeur Rodrigo Sanches.

Aluare Cafre, natif de Tamba, non marié, aagé de 40. ans, ou enuiron, esclaue de l'Ambassadeur Louis Pais Pacheco.

François Cafre, de Sena, marié à Macao, aagé de 50. ans, ou enuiron, seruiteur du Pilote.

Diuerses autres Nations.

Dominique Malayois , natif de Malaca , non marié,
esclaue de l'Ambassadeur Louis Païs Pacheco, aagé de
28. ans, ou enuiron.

Antoine yssu de Sumba , natif des Isles de Solor, marié à Macao , seruiteur du nauire , aagé de 40. ans , ou
enuiron.

Iean de Guerra , Papango de nation, des Isles de Lus-
son, ou Mamille, non marié, seruiteur du nauire, aagé
de 30. ans , ou enuiron.

Albert , natif des Isles de Timor , non marié, de 17.
ans, esclaue du Chirurgien du nauire.

Emmanuel, natif de l'Isle de Iaua , esclaue de l'Ambassadeur Louis Païs, aagé de 35. ans, ou enuiron,

Iusques icy la liste des LXI. Champions de IESVS-
CHRIST , en laquelle se voient dixsept Nations diuerses ; sçauoir est seize Portugais , deux Castillans,
trois Metifs, quatre Chinois naturels, cinq Chinois natifs de Macao , six Canarins , sept Achenois, huict Ballalas, neuf Malabares, dix Cafres, onze Malayois, dou-
ze Solores, treize Papangos, quatorze Timores, quinze
Iauanois, seize Bengalois, vn Persan d'Ormus.

Somme XVII. Nations diuerses ; en tout mis à
mort pour IESVS-CHRIST ⸺ LXI.

Gloire soit à Dieu, & aux Saincts.

RELATION

EXTRAICTE DV PAPIER IOVRNAL du Sieur Iean Elsdracht President du commerce en la ville de Nangaraqui au Iapon, pour & au nom de la Societé Hollandoise de l'Inde Orientalle: des choses plus memorables arriuées en ladite ville l'an M. DC. XLI, *entre lesquelles est faite mention de l'illustre Confession de Foy du R. P. Antoine Rubino de la Compagnie de* IESVS, *Visiteur de la Prouince du Iapon, & de ses Compagnons. Traduite fidellement de Flamend en Latin par le P. André Xauier de la mesme Compagnie, & apportée de Macao par le P. Barthelemy Sequeira aussi de ladite Compagnie.*

E XXI. d'Aoust sur le soir arriua au port de Nangazaqui vn petit vaisseau, dans lequel estoient menez prisonniers ces Prestres, dont i'ay fait note le XI. du mesme mois, (auquel iour le bruit de leur premiere venuë commença de s'espandre entre les Lequios du Royaume de Saxuma) ils estoient tous rasez à la façon des Iaponois, desquels ils portoient aussi l'habit; & de ce pas ils furent jettez dans vne prison. Icy par le com-

mandement du Gouuerneur de la Ville, les vint about-
cher vn certain Prestre Apostat, nommé Iean (qui, à ce
que dit vne autre lettre, a renié la Foy parmy les tourmens) & les interrogea, s'ils ne vouloient pas s'accom-
moder aux mœurs, & aux loix du Iapon. A quoy ces Peres esmeus d'vne iuste cholere, respōdirent: O Meschãt,
ô traitre Infame! sãs doute qu'vne tigresse, ou vne vipe-
re, ou quelque autre plus detestable mōstre t'a engēdré.
Quoy? tu oses bien donc, ô Demon, nous faire de si exe-
crables interrogats? Cache toy plustost dans l'Enfer,
au seruice duquel tu tes engagé, malheureux que tu es.
Ces parolles, comme autant de carreaux de foudre, ter-
rasserent cest Apostat, en sorte qu'il n'eut pas la hardiesse de repliquer vn seul mot, & tout confus se retira
chez soy.

Voicy les noms des prisonniers. Le P. Iean de Poloi-
gne Iesuite, aagé de 42. ans: qui au mois de May de l'an
passé estoit allé de Macao en Camboia, dela à Manille,
qui est aux Isles Philippines: d'où il auoit passé au Iapon.
Le P. Albert de Vmogni Romain Iesuite, aagé de 35. ans
Le P. Antoine Kossao Italien, Iesuite, aagé de 62. ans,
nagueres Recteur du College de Macao, personnage de
grand credit, & fort renommé pour sa vertu. Le P.
François Marc Iesuite, aagé de 32. ans, né à Nangazaqui d'vn Pere Portugais, & d'vne Mere Iapo-
noise. Paschal Correa Marchand Portugais, aagé de
35. ans, qui auoit par cy deuant souuent trafiqué à Nangazaqui: du depuis à cause de plusieurs pertes, estant
tombé dans la pauureté, il s'estoit mis au seruice des sus-
dits Peres. Iean des Clefs, vulgairement dit *das Chiaues*,
aagé de 50. ans, natif des Isles de Canarie; & pour le
dernier estoit vn vieillard de Correa, Cochincinois
banny, & pour lors seruiteur des mesmes Peres.

Tous ceux-cy confessoient vnanimement qu'ils venoient du port de Manila, où s'estant pourueu d'vn
vaisseau, pour le prix de trois mille reaux d'Espagne:
à l'aide de quelques Chinois, & autres du païs, &
d'vn Pilote Espagnol ils s'estoient faits porter à l'Isle
de Saxuma, qu'ils n'y auoient esté cachez que deux
iours, qu'au troisiesme ils auoient esté trahis, & des-
couuerts. Ils parloient tous auec vne grande asseuran-
ce, & faisoient profession de n'auoir aucune crainte
de la mort, ny de tous les tourmens qu'on leur prepa-
roit au Iapon. Le Gouuerneur de Nangazaqui Zabro-
simono (il est vray semblable que c'est celuy-là, que
la relation precedente appelle Baba Zubuio Zaiemon)
autant estonné de leur courageuse protestation, comme
tous les autres Officiers qui estoient près de luy : leur
demanda si l'edit, & prohibition du Roy du Iapon n'e-
stoit pas venu à leur connoissance : & s'ils ne sçauoient
pas qu'il estoit defendu à tout Castillan, Portugais, &
leurs associez, ou seruiteurs, beaucoup d'auantage aux
Prestres Romains d'entrer dans le Iapon sous peine
d'y estre executez à mort par les plus atroces supplices
que l'on pourra excogiter ; & que cest edict estoit si
estroictement, & seuerement obserué par tout le Iapon,
qu'il est impossible qu'aucun estranger s'y glisso sans
estre aussi tost descouuert : qu'est-ce donc qui pouuoit
les auoir esmeus à se ietter dans ces païs, & y causer de
nouueaux troubles : Ils respondirent tous à ces interrogats : qu'ils n'estoient pas ignorans de l'edit, & de-
fense du Roy du Iapon : mais qu'il falloit plustost o-
beyr au commandement du grand Dieu, & de son Fils
IESVS-CHRIST, Gouuerneur du Ciel, & de la terre,
qu'en son nom ils auoient entrepris ce voyage, sous es-
poir de rencontrer quelques ames dans le Iapon, qu'ils

peuſſent amener à la connoiſſance du vray Dieu. Et quoy que pour le preſent ils ſe viſſent fruſtrez de ceſte eſperance, pour auoir eſté deſcouuerts deuant le temps; qu'ils eſtoient neantmoins tres-contens, & diſpoſez d'endurer toutes ſortes de tourmens, peines, & ignominies, qu'on voudra exercer ſur leurs corps, & ce pour le nom de leur tres-aymable, & adorable Sauueur, (Vne autre lettre adjouſte, qu'ils proteſterent d'auoir vn regret, qu'ils n'auoient pas 25. corps chacun, pour endurer plus de martyres.) Ceſte ſi franche, & hardie confeſſion, qu'ils prefererent ſans changer aucunement de face, mit les auditeurs dans vn grand eſtonnement. Le Gouuerneur de la Ville commanda qu'on les ſerraſt auſſi-toſt tous dans vne meſme priſon, auec gardes qui les veillaſſent ſoigneuſement. Nos Truchemans, & autres ſont d'aduis, qu'on ne les fera pas mourir de long-temps : mais qu'on leur fera endurer chaque iour quelque nouueau ſupplice, pour leur arracher la vie peu à peu, ou pluſtoſt la Foy. Iuſques icy ſont les parolles du papier iournal Flamend.

Au ſurplus, ledit Sieur Elſdracht Preſident du commerce Iaponois, & qui pour lors eſtoit à Nangazaqui, du depuis a fait voile pour la Hollande, où il eſt arriué tout freſchement. Icy il a affirmé, & repeté ſouuent auec ſerment, que les Peres ſuſnommez auec leurs compagnons, depuis le 23. d'Aouſt, iuſques au 29. d'Octobre du meſme an ſeize cens & quarente deux, (iour auquel les derniers vaiſſeaux Hollandois eſtoient ſortis du port) auoient eſté chaque iour furieuſement bourrellez de toute ſorte de nouueaux, & tres-cruels ſupplices, qu'ils auoient endurez auec vne conſtance du tout admirable. Il adjouſte que dix iours apres, ſçauoir eſt le neufieſme de Nouembre, auquel iour il partit du

Iapon : la sentence de mort auoit esté portée , & executée sur lesdits glorieux Confesseurs. Le mesme a declaré , que le supplice dont ils ont esté pour la pluspart
tourmentez , a esté celuy dont on a esprouué le Pere
Marcel Mastrilli, & autres, qui est de deux sortes. En l'vn
ils pendent le Martyr par les pieds auec deux cor-
des vn peu escarrées l'vne de l'autre : la teste descen-
dant en bas dans vne cuue qu'ils remplissent d'eau,
tellement qu'elle arriue iusques au nés. En suitte de
quoy les Bourreaux faisans tournoyer le corps d'vn
seul costé, vnissent par mesme moyen la double corde
des pieds, & la tordant tousiours de plus en plus, luy
donnent vne extréme contrainte, iusques à tant qu'elle
est fort raccourcie, & puis laschant le corps tout à
coup, & l'aidant auec vne grande impetuosité à deffaire
ses tours, pour remettre la corde à son estre naturel, ils
donnent de furieuses roulades au patient, & le rabbais-
sent dans l'eau où il ne trouue de respiration, qu'autant
qu'il en faut pour ne pas mourir, & pour souffrir vne
grande destresse.

L'autre est tel : Ils estendent le Martyr sur vne peti-
te eschelle, qui est de sa mesme longueur ; & le lient là
dessus si serré, qu'il n'a que la main gauche libre pour
faire signe en la mettant sur la poictrine, qu'il se rend,
& renie la Foy. Les pieds de l'eschelle, & de celuy qui
est dessus, trempent dãs vne tine pleine d'eau, le reste de
l'eschelle est appuyé sur le bord de la cuue, où est la teste du Martyr panchante à la renuerse sur le dernier es-
chellon, ayant vn entonnoir en la bouche, dans lequel
les Bourreaux versent, sans aucune discontinuation,
grande quantité d'eau, qu'ils puisent dans la tine auec
leurs pots, qu'ils appellent cocos : de sorte, qu'il n'a
point de relasche pour respirer, sinon fort peu & auec

tant d'effort, qu'ordinairement il se rompt quelque veine de la poictrine. Ce supplice est estimé de ceux qui l'ont veu, pour vn des plus furieux, & cruels que l'on sçache.

Dans le papier iournal de la Societé de l'Oost Inde, ou de l'Inde Orientalle, se treuuent les remarques suiuantes. Au dernier d'Aoust, les Prestres prisonniers, sont tous les iours bourrelez pour le plaisir des Iuges Iaponois : entre lesquels celuy-là passe pour le meilleur esprit, qui sçait inuenter de plus cruels & nouueaux supplices. Au 28. de Septembre. Nous venons d'apprendre, que les Prestres doiuent estre demain tourmentez par le supplice dont ils ont esté desia plusieurs fois affligez, qui est de boire de l'eau sans mesure, comme cy dessus a esté declaré. Nous auons aussi entendu, que les Prestres qui sont dans la Chine (ce sont les Peres de la Compagnie) impriment quantité de liures touchant la Religon Chrestienne, à dessein de les transporter au Iapon. Ces Prestres prisonniers, entre autres meubles, auoient apporté & caché soigneusement semblables liures, en outre force characteres Iaponois, & Chinois artistement moulez : & si bien ajustez, que l'vne & l'autre de ces deux Nations pourroit lire, & entendre les liures qui en seroient composez. Cecy a mis du grand trouble dans l'esprit du Gouuerneur de Nangazaqui : & pour ce il a fait assembler tous les Chinois, ausquels il a tres-expressement, & rigoureusement defendu de n'apporter semblables liures, ou characteres dans le Iapon, sous peine d'estre chastiez de mesmes supplices, qu'on a coustume d'exercer sur ceux qui ameinent des Prestres dans ce Royaume, & d'estre mis à mort autant cruelle, & horrible, que l'on pourra inuenter.

Voila comme le Diable fait par tout la guerre à Dieu, & à ses fideles seruiteurs : mais tousiours autant honteuse à son Aucteur, que glorieuse à sa Diuine Majesté, qui fortifie ses champions, & les fait triompher de leurs ennemis visibles, & inuisibles. Dieu vueille auoir pitié de ceste pauure, & desolée Chrestienté, & luy rendre la paix que le Sang de tant de Martyrs, dont elle est arrosée, luy demande. Amen.

FIN.

APPROBATION.

CE petit narré contenant la mort glorieuse de soixante & vn Chrestiens de Macao, decapitez pour la confession de nostre saincte Foy à Nangazaqui au Royaume du Iapon; ensemble la Copie d'vne lettre de Hollande touchant la glorieuse Confession de quatre Peres de la Compagnie de IESVS, & de trois autres Chrestiens mis à mort audit Royaume; se peut imprimer à l'honneur & goire de Dieu, & de tous les saincts Martyrs pour la Foy, & à la confusion des heretiques. Faict à l'Isle le 1. Septembre 1643.

IEAN PARENT Prestre
Censeur des Liures.

Pour M
rod chanome
dausserre

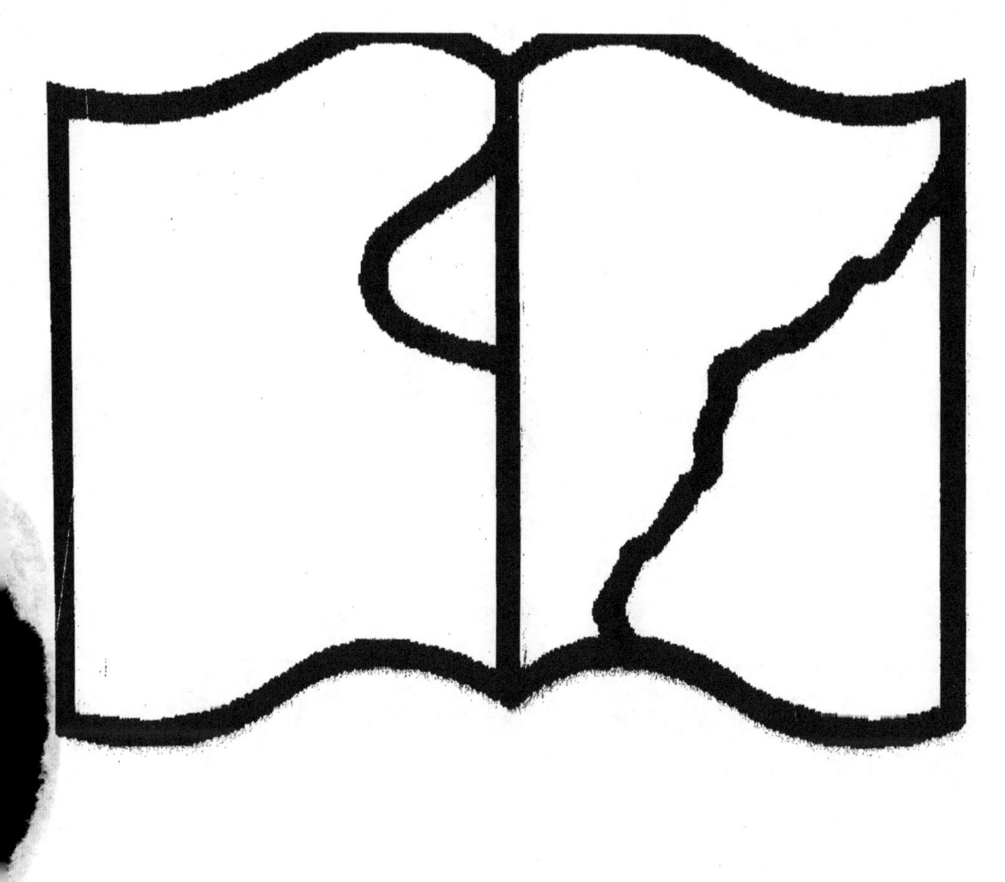

Texte détérioré - reliure défectueuse

NF Z 43-120-11